7
Lk 1104.

LES GRANDS CARMES,

A BORDEAUX ; [1]

Par L. LAMOTHE.

Un faisceau de colonnes engagées, que l'on peut encore observer sur le côté ouest de la rue Figuières, et qui ont évidemment appartenu à l'intérieur d'une église, voilà tout ce qui reste de l'ancien couvent des Grands Carmes. Les anciens plans de Bordeaux précisent cette position indiquée en outre par le nom d'une rue voisine ; des bâtiments couvraient l'espace quadrangulaire compris entre les rues Bouhaut, de Labirat, des Carmes, et les fossés de l'Hôtel-de-Ville ; plus tard, la rue Figuières a traversé ce terrain. Ainsi, ce couvent se trouvait placé entre le premier et le deuxième accroissement de l'enceinte de cette ville. Une tradition adoptée par tous les auteurs en attribue la fondation à la famille de Lalande ; mais sur la date de cet établissement s'élèvent des doutes qu'il convient de chercher dès à présent à éclaircir.

On ne saurait prêter une sérieuse attention à une inscription rapportée par les chroniqueurs, et qu'on lisait dans l'église de ce monastère, à côté d'un pilier du chœur, contre lequel était fixé un grand collier de fer avec une lance.

---

(1) Un fragment de cette notice, notamment la partie relative à la chapelle de Saint-Simon-Stock, a été inséré dans le *Bulletin des Comités historiques*, 1850, p. 169.

Nous la rapportons néanmoins, puisqu'elle se trouvait dans l'église de ce monastère.

> L'AN DE GRACE MILLE, ET CENT,
> FONDA PREMIER UN SEIGNEUR DE LA LANDE
> AU CARME VIEL CETTE ÉGLISE, ET COUVENT;
> POUR CE QU'AU LIEU OBTINT VICTOIRE GRANDE
> CONTRE UN GÉANT, QUI CONDUISOIT LA BANDE
> DES ESPAIGNOLS, POUR BOURDEAUX ASSAILLIR.
> LE DESUS DICT LUY FIT PAYER L'AMENDE :
> CAR IL LUY FIT SA TESTE A BAS SAILLIR.
> L'AN ONZE CENS AVEC SIX VINGS MOINS TROIS,
> MESSIRE GAILLARD DE LA LANDE SEIGNEUR
> L'ÉDIFIA POUR LA SECONDE FOIS,
> TOUT DE NOUVEAU FUT R'ÉDIFICATEUR
> EN CE LIEU CY : OUTRE IL FUT FONDATEUR
> DE LA MESSE QU'ON DICT DE NOSTRE-DAME;
> UN CHACUN JOUR : PRIONS LE CRÉATEUR
> QU'IL VEUILLE AVOIR EN PARADIS SON AME.
> ET TIERCEMENT LA TRÈS SAGE ET BÉNIGNE
> DE DROITE LIGNE ET PROPAGATION,
> DE LA LANDE MADAME CATHERINE
> OUVRIT LES YEUX DE VRAYE COMPASSION
> MILLE QUATRE CENS DE L'INCARNATION,
> ET DE CINQ CROIS LA NONANTE SEPTIÈME,
> FIT DE NOUVEAU CETTE FONDATION
> DEDANS JUILLET LE JOUR VINGT DEUXIÈME.

Cette inscription n'est pas évidemment antérieure au quinzième siècle. Avant de rechercher à quel fait historique peut faire allusion le prétendu combat qu'elle mentionne, examinons les deux dates qu'elle donne, l'une comme époque de la fondation, 1100; l'autre comme époque de restauration, 1217.

Delurbe, auteur des *Chroniques de Bordeaux*, donne une troisième date, 1264, pour époque de la construction de ce couvent par le seigneur de Lalande et de l'Isle.

Deux auteurs se sont livrés à une discussion de ces diverses dates : un provincial des Carmes, le père Laforcade, et l'abbé Baurein.

Le premier repousse la date de 1264 donnée par Delurbe, et

argue principalement de la mort de saint Simon-Stock, créé sixième général de l'ordre des Carmes, en 1200, qui mourut à Bordeaux en 1249 ou 1250, selon la Chronique de Tillet, et fut enseveli dans le couvent des Carmes de cette ville. Cet auteur incline pour la deuxième date, 1217.

Quant à Baurein, il repousse les deux dates de 1100 et 1217, parce que l'ordre des Carmes ne fut introduit en France qu'en 1254 par Louis IX, revenant de Terre Sainte; et il penche pour la date de Delurbe, 1264.

Il eut pu ajouter que, dans une lettre datée de 1246, le pape Innocent IV assure qu'avant lui les Carmes n'avaient point de couvent en Europe.

Cette manière de voir, si elle est vraie, renverse la véracité de la date de 1250, comme date de la mort de saint Simon Stock. Mais ici on peut remarquer que la vie de ce saint est empreinte en plus d'un endroit d'un caractère de merveilleux qui pourrait justifier bien des doutes, et que d'ailleurs tous les auteurs ne placent pas sa mort à l'année 1249 ou 1250; que Delurbe a emprunté cette date aux Carmes, intéressés, par un amour-propre fort puéril, il est vrai, mais qui se fit jour plus d'une fois, dans les couvents, à reculer le plus possible la date de leur fondation.

L'auteur de la vie des Saints du diocèse fixe cette mort, d'après les Bollandistes, à l'année 1265, le 16 mai, et fait ainsi vivre Simon Stock pendant 105 ans. Or, cette durée n'a rien d'invraisemblable, et cette dernière date se concilie parfaitement avec celle de Delurbe, comme époque de la création du couvent.

Les auteurs de la *Gallia Christiana* ont aussi adopté la date de Delurbe, 1264; et voici en dernière analyse la meilleure preuve de son exactitude : c'est une transaction entre le prieur des Carmes et le chapitre Saint-André, datée de 1265, et qui doit être à peu près contemporaine de la fondation.

Noveritis quod cum venerabiles viri decanus et capitulum Burdegalensis ecclesiæ nobis construendi et habendi ecclesiam et cimæterium extrà muros civitatis Burdegalæ, in parochiâ sanctæ Eulaliæ, quæ ipsorum existit, quatenùs in ipsis est, licentiam duxerint concedendam, nos promittimus et concedimus, etc. . . . . .

Datum Burdegalæ in crastinum Beati Joannis Baptistæ, anno domini M.CC. sexagesimo quinto.

Un point révélé par l'inscription nous paraît cependant devoir être admis ; c'est celui d'une restauration, ou plutôt d'un changement de local après un premier établissement ; et nous en avons pour preuve, indépendamment de l'inscription qui mentionne ce fait, la dénomination d'un lieu voisin de l'emplacement occupé encore par les Carmes, avant la révolution. Ce terrain sur lequel s'établirent, en 1521, les religieuses de l'Annonciade, était connu sous le nom de *lous Carmes viels*. (C'est le lieu occupé aujourd'hui par la maison de la Miséricorde.) Les Carmes, lorsqu'ils vinrent à Bordeaux, s'y étaient établis sans la permission de l'archevêque. Pierre Ier, 32e archevêque, s'en plaignit au Pape. Mais leur établissement ne tarda pas à être sanctionné ; et c'est en 1264 que fut prononcée cette décision. Ce fait explique ce double établissement et le changement de local.

Il nous reste à indiquer quelle signification doit être ajoutée au prétendu duel relaté dans l'inscription. On lit dans la *Chronique de Delurbe*, d'après Le Ferron : « 1494. Retournant, le roi Charles VIII, du voyage de Naples, comme il séjournait à Ast (Piémont), fut fait en sa présence un combat singulier entre deux gens d'armes, l'un nommé Zerbulon, genévois ; et l'autre, le sieur de Lalande, bordelais, lequel demeura vainqueur, et en récompense de sa vaillance fut gratifié par le roi de cinq cents écus. »

L'inscription pourrait bien se rapporter uniquement à ce fait qui aurait été dénaturé et antidaté. Le carme Laforcade, voulant flatter sans doute l'amour-propre des descendants des Lalande, rejette cette interprétation ; il produit le récit d'un débat qui eut lieu en 1460, et dans lequel sept témoins affirment, à la distance de plus de trois siècles, le fait relaté dans l'inscription. Mais l'abbé Baurein a longuement réfuté (1) cette pièce par de nombreuses raisons, dont la principale et la plus péremptoire est, qu'en 1460, les Lalande n'étaient pas en Guienne, où ils ne furent rappelés qu'en 1463, par Louis XI.

Dans cette discussion, il lui échappe, évidemment à l'adresse de son contradicteur, quoiqu'il ne soit pas nommé, de sévères paroles, trop vraies pour ne pas pouvoir être redites, et toujours à leur place. « On croit rendre service à cette famille en faisant disparaître la fable dont on a prétendu embellir cette fondation.

---

(1) Affiches de la ville de Bordeaux, 1778, p. 277.

Le merveilleux, dont on ornait les faits dans des siècles d'ignorance, était plus propre à les rendre suspects qu'à porter à y ajouter foi. Rien n'est plus solidement établi que lorsqu'il n'a pour fondement que la simple vérité. C'est donc elle uniquement qu'il faut consulter lorsqu'on entreprend la discussion de quelque fait historique........ Quelque pieuses que lui aient paru (à l'auteur de l'inscription) de pareilles licences, il eût mieux fait de se tenir dans les bornes de l'exacte vérité. »

La dissertation du provincial des Carmes contient, sur le couvent des Carmes, quelques détails étrangers au fait dont nous venons de nous occuper et qui peuvent trouver place ici :

« L'an 1273, le jour et feste des rois, révérend père frère Pierre Amilhan fut eslu neufième général du susdit ordre des Carmes, dans le couvent du dit ordre de la présente ville de Bordeaux, et au mois de février de l'an 1287, déclara et reconnut le susdit Gaillard de Lalande réédificateur du susdit couvent, et ordonna qu'en reconnaissance de ses bienfaits et de ceux de ses prédécesseurs fondateurs, fut dite et célébrée par les religieux du dit couvent une messe à l'honneur de la glorieuse vierge notre patrone, pour la manutention et prospérité des vivants, et une autre de *requiem* pour la réfrigération, soulagement et repos des âmes des trépassés de la dite famille et maison de Lalande. Ce que confirma le vingt-sixième père général du dit ordre, révérend père frère Ponce à la susdite dame Catherine de Lalande, l'an 1498, au mois de juin ; et tous deux ensemble les firent participant et leurs successeurs de tous leurs biens spirituels et bonnes œuvres qui se font de nuit et de jour par les religieux de tout l'ordre.

» L'an 1294, le jour et feste de Pentecôte, père frère Raymond de Lisle Tholozan fut eslu dixième général du susdit ordre dans le susdit couvent de la présente ville.

» L'an 1318, et le même jour et feste de Pentecôte, révérend père et frère Guidan de Perpignan fut aussi eslu, et créé le douzième général du susdit ordre au chapitre.

» Et finalement, l'an 1358, jour et feste de la Nativité de la bienheureuse Vierge Marie, Jean Baptiste fut eslu et créé le seizième père général du dit ordre en l'assemblée générale d'iceluy, tenue dans le susdit couvent de Bordeaux, ainsi qu'en appert dans le susdit autheur Joannes Grossy. »

En 1458, un chapitre général de l'ordre fut tenu à Bordeaux, sous Raymond Pierre Ballistaire (Ballistarius.)

Toute institution se résume, comme elle prend son point de départ, dans son état financier. Or, pour les couvents, leur dotation provenait principalement de deux sources, les aumônes, ou, si l'on aime mieux, les donations et les contrats qui en découlaient, puis les unions de bénéfices ecclésiastiques, prononcées par les évêques et sanctionnées le plus souvent par bulles, et par lettres-patentes.

Le document que nous allons rapporter, en définissant la situation de ce monastère au XVIIe siècle, résume les principaux accroissements antérieurs :

« C'est la déclaration, adveu et dénombrement des dimes, rentes et autres revenus jouis et possédés par les Prieur, Syndic et autres religieux du grand couvent Notre-Dame des Carmes de la ville de Bordeaux, laquelle déclaration remet et baille par devant vous nosseigneurs les Commissaires députés par le roy pour connoistre du fait de ses domaines dans la généralité de Bordeaux, le Syndic des religieux du dit couvent des Carmes pour satisfaire à l'ordonnance par vous rendue le 23 juillet 1672, en faveur de Louis Boucherat, au nom et comme procureur constitué de maître Claude Vialet, fermier général des domaines de France, la dite ordonnance ensuite de l'arrêt du conseil et assignation donnée au dit syndic en conséquence d'icelle, à la requeste du dit Boucherat le 21 mars 1673, avec cette protestation et réservation d'augmenter et diminuer le présent adveu et dénombrement, si le cas y eschoit.

» 1º Déclare le dit syndic que les dits religieux jouissent et possèdent dans la présente ville de Bordeaux un petit enclos tout joignant leur église et couvent, consistant en un jardin d'assez petite étendue, avec chai et quelques maisons à l'environ, habitées par diverses personnes séculières, partie desquelles sont sujettes à la rente que le dit syndic paye annuellement au chapitre de Saint-André, suivant la déclaration qu'il en a faite par devant le sieur Ricalens, notaire royal de Bordeaux, votre commissaire local délégué pour les biens sujets à rente, la dite déclaration du 14 janvier 1673, les autres étant de petit revenu, estant le dit enclos, y compris la dite église et couvent, de la contenance d'environ deux journaux, confrontant du côté du levant à la rue Bouhaut, du midi aux maisons et jardin de Mme Guilheragues, du nord à la grande rue des Fossés de la Maison de Ville, et du couchant à une petite rue appelée la rue des Carmes, dans lequel couvent habitent ordinairement le nombre de cinquante religieux, lequel enclos ils ont joui depuis l'année 1101 (1), suivant la fondation faitte par noble messire Gaston de Lalande, et en ce compris une autre maison rue de Lalande, qui est dans la même fondation.

» Plus déclare le dit syndic jouir et posséder une petite métairie dans la paroisse de Pompignac-entre-Deux-Mers, et lieu appelé au Castaing, de labourage d'un pair de bœufs. On recueille ordinairement quarante-cinq ou cinquante boisseaux de blé qui se partagent entre les dits religieux et mettayer, en bois, ou quatre tonneaux de vin au plus, dans laquelle métairie on ne recueille pas le foin nécessaire pour la nourriture du bestail qu'il y faut pour la travailler, étant obligé d'en achepter tous les ans, où il y a une petite maison pour loger le métayer, avec une grange en très mauvais état, aussi bien que les étables pour retirer le bestail, laquelle ditte métairie confronte au grand chemin qui va du dit Pompignac à Sallebœuf, d'autre côté aux appartenances de M. Étienne Popin, notaire royal, et du sieur Trincaut, laquelle susdite métairie appartient aux dits religieux, suivant divers contrats d'acquisition qu'ils ont fait d'icelle : 1º du sieur Pichon, bourgeois et marchand de Bordeaux, par contrat du 10 juillet 1529, revenu par Castaigne, notaire royal de Bordeaux, plus comme estant au lieu et place du sieur Guillaume Ducasse, huissier, par arrêt du 15 mai 1603, et encore par autre contrat d'achapt du 12 février 1615, retenu par Maraquier, notaire royal du dit Bordeaux, estant icelle metterie dans la directe des dits religieux, comme ils feront voir ci-après, à la reserve de certaines pièces qu'ils ont déclaré estre de la mouvance de la maison noble de Betaille-entre-Deux-Mers, par devant le dit sieur Ricalens votre subdélégué, le 17 décembre 1672.

» Plus déclare le dit syndic qu'il jouist et possède un petit bourdieu, appelé à Queyries, paroisse de Cenon, consistant en une petite maison servant de chai et escuries, et le reste en vigne et jardin, de la contenance d'environ quatre journaux où l'on

---

(1) Nous avons combattu cette date.

recueille annuellement sept à huit tonneaux de vin, confronte le dit bourdieu avec le grand chemin qui conduit à La Bastide, à Lormont, de l'autre côté aux appartenances de M° de Raoul, fossé entre deux, d'autre côté au pred de M. Lacoste, chirurgien, et Jean Joly, fossé entre deux, d'autre côté au dit Lacoste et à M. Brus, bourgeois, aussi fossé entre deux, lequel bourdieu est de la directe des dits religieux, suivant deux contrats d'acquisition qu'ils en ont faite, le premier de M. Maistre Jean de Pontac, greffier ordinaire en la cour, du 1er mai 1575, reçu par Nezan, notaire royal au dit Bordeaux, et l'autre du chapitre St-André, du 26 mars 1625, retenu par Subercaze, aussi notaire royal.

» De même jouist et possède le dit syndic un bourdieu appelé de Pedouillet, consistant en une petite maison servant de cuvier et chai, vigne et aubarède, confronte d'un côté à la rivière de Garonne, d'autre côté aux appartenances des révérends Pères Jacobins de Bordeaux, d'autre côté à l'estey de Floquet et à M. Boucaut, chanoine, tout de contenance de quatre journaux estant de la directe des dits religieux qu'ils ont acquis par contrat du 24 janvier 1665, receu par Pouyade, notaire royal, de M° Marie Jamache, de feu M. le marquis Deleur, lequel bourdieu aurait été délaissé au dit couvent par dame Isabeau de Chassaignes, veuve de feu Raimond de Pontac, président aux enquêtes du parlement de Bordeaux, par son testament solennel, ouvert le 4 novembre 1632, par lequel appert que ladite dame délaisse au dit couvent le dit bourdieu pour certain nombre de messes qu'elle veut que soient dites tous les jours dans la dite église, à perpétuité, pour le salut de son âme, le dit testament signé par Lafitte, notaire royal, auquel bourdieu se recueille ordinairement douze tonneaux de vin et aux appartenances de feu Philippe Calas, à présent possédé par les dits religieux, suivant la déclaration qu'ils en ont baillé par devant le dit Ricalens, le dit jour 17 décembre 1672.

» Plus autre bourdieu dans la palus de Monferran et dans la paroisse d'Ambarès, consistant en maison, chai, cuvier, vigne, un loupin de pré, le tout de la contenance d'environ trente journaux, confrontant d'un côté à la rivière de Garonne, des deux côtés aux appartenances de M. de Fayet, conseiller à la cour, fossé entre deux; de l'autre côté à maistre Gaudière, bourgeois de Bordeaux, où se recueillent, communes années, 50 tonneaux de vin, partie du quel bourdieu a été acquise par les dits religieux, en l'année 1622, le 1er février, de M. Mathieu de Fayet, conseiller du roi et trésorier de France, suivant le contrat d'eschange entre eux passé le dit jour, reçu par Cantinolle, notaire royal du dit Bordeaux ; le surplus de la dite contenance ayant appartenu et esté jouy par les dits religieux un sy long-temps qu'il n'est mémoire du commissaire.

» Plus déclare le dit Syndic jouir et posséder autre petit bourdieu en graves, dans la paroisse Sainte-Eulalie et lieu appelé de Crispiat, y ayant anciennement un moulin à moudre le blé, consistant en une petite maison pour un mestaiyer ou valet, cuvier et chai, et une petite chapelle séparée de la dite maison, jardin et vigne, tout en un tenant, confrontant d'un bout avec le chemin allant de la chapelle de Saint-Laurent à Pessac, du couchant avec les appartenances de M. de Senaut, conseiller à la cour, et au sieur Tavernes, procureur ; du nord avec le chemin de servitude qui va au dit sieur Tavernes et avec la vigne des dits Pères Carmes, ci-devant appelée la Pilète, qu'ils ont acquis, en 1602, du sieur Rivière, qu'ils ont déclarés jouir devant le dit Ricalens, de la contenance le tout d'environ six journaux, où se recueillit, communes années, en tout, neuf ou dix tonneaux de vin, lequel bourdieu les dits religieux jouissent, suivant le contrat du 29 octobre 1584, retenu par Lacoste, notaire royal, par lequel apert que M. Jean Pontac, secrétaire du roy, fit délaissement du dit bourdieu aux dits religieux pour l'admortissement de 25 livres bordelois de rente annuelle qu'il devait au dit couvent, à la charge encore par les dits religieux de faire à perpétuité certaines prières pour le salut de son âme, comme plus a plain est porté par le dit contrat.

» Fait aussi le Syndic adveu et dénombrement, faisant pour le prieur de l'hermitage de Lormont, d'icilluy hermitage, biens et revenus en dépendant, consistant en un petit enclos joignant la chapelle Sainte-Catherine, un petit jardin et vignes, le tout de la contenance d'environ quatre ou cinq journaux, confrontant du côté du nord aux vignes et bordieu du sieur de Beneau, du midi aux vignes de feu Jean Raoul, à présent tenues par M. de Gachon, conseiller en la cour, du levant aux vignes des héritiers de feu Duhaye, boulanger, et du couchant à la rivière de Garonne, dont le revenu peut aller annuellement à trois ou quatre tonneaux de vin, duquel bien et hermitage dépendent huit chambres ou échoppes qui ont été bâties et sont situées près iceluy, le long de la rivière de Garonne, l'une desquelles est habitée par le métayer, et les autres par des pauvres travailleurs, revenant le revenu d'icelles à raison de dix escus chacune, à 126 liv.; dépendant encore d'iceluy hermitage certaines maisons situées dans la ville de Bordeaux, rue de Labirat, qui sont affermées à des personnes séculières, le revenu desquelles reviennent, communes années, à cinq ou six cents livres au plus, provenant, les dites maisons, de la fondation faite en faveur du dit hermitage, par Monseigneur de Pontac, premier président au parlement de Bordeaux, en l'année 1665, suivant le contrat retenu par Conilh, notaire royal. »

Le dénombrement dont il s'agit se termine par la liste des rentes que possède le couvent des Carmes; elles reposent sur des immeubles situés à Bordeaux, dans les paroisses de Sainte-Eulalie, Saint-Michel, Sainte-Colombe, Saint-Éloi, Saint-Projet, Saint-Remy, Saint-Siméon, Puypaulin, et, hors de Bordeaux, dans les paroisses de Tresses, Cartelègue, Bouscat, Talence, Bègles, Saint-Médard-d'Eyrans, Saint-Caprais, Baurech, Haux, Quinsac, Bouillac, Bruges, Saint-Ciers-de-Canesse, Tauriac, Bourg, Preignac, Floirac, Blanquefort, Gradignan.

L'église, les bâtiments claustraux de Bordeaux n'ont été l'objet d'aucun détail dans le document que nous venons de citer. Ce silence regrettable s'explique par la nature de ce document. Fort heureusement, nous avons pu combler cette lacune par un autre acte à peu près de la même époque.

Le 13 décembre 1657, la foudre tomba sur l'Hôtel-de-Ville et et occasionna l'embrâsement du dépôt de poudre qu'il contenait. La commotion occasionna de grands désastres, non seulement dans le bâtiment de l'Hôtel-de-Ville, mais aussi dans les alentours, sur un rayon assez étendu. On va voir, par un extrait du procès-verbal qui fut dressé, quels furent les dommages causés au couvent des Grands Carmes, et cet acte sera pour nous d'autant plus intéressant qu'il relate souvent un état des lieux qui ne devait pas être sans quelque mérite artistique.

« En sortant du collége des Pères jésuites, nous nous sommes transporté dans le couvent des R. P. Carmes de cette ville, où estant dans la nef de la grande église du dit couvent, il nous a apparu que quatre grands vitraux qui estoient au dessus du maistre autel d'icelle, ornés de figures et représentations de sept à huit pieds de large, et de neuf à dix de hault, ont été entièrement enlevés et brisés, les barres de fer pareillement enlevées, et les croisées et croisillons rompus et renversés par terre, et que trois figures de pierre qui ornaient le dit maistre autel ont été abattues et brisées. Nous a aussi apparu que trois grands vitraux qui estaient au dessus l'autel de Saint-Roch, d'environ dix ou douze pieds de hault, de sept pieds de large, embellis de plusieurs figures, ont été entièrement brisés ; la plupart des barres de fer de grosseur considérable enlevées, les croisées et croisillons et roses des dits vitraux faictes en architecture, rompues ; que les vitres des chapelles de Notre-Dame-de-Pitié, de Saint-Joseph, de Saint-Côme et Saint-Damien, et de Saint-Anthoine, ont été pareillement enlevées et mises en pièces, que les vitres du grand vitrail à trois rangs, qui était au fond du chœur, dehors d'iceluy, de hauteur de plus de quinze pieds, et de dix ou douze pieds de large, ont été aussi abattues et mises en pièces, et que enfin de toutes les vitres qui estaient dans la dite église, il n'en est resté pas une seule en son entier. Avons aussi remarqué que les murailles de la dicte église, en la nef du chœur, ont esté si horriblement ébranlées que la muraille du fonds a esté séparée de celle des costés, d'environ trois pieds, par le haut, et que l'orgue de la dicte église a esté entièrement renversée, et la plupart des tuyaux d'icelle gastés et hors d'estat de pouvoir servir, et de la nef de la dicte église ayant esté conduit en la chapelle de Saint-Simon-Stock et en celle de Notre-Dame-de-Recouvrance, nous avons trouvé les vitraux d'icelle entièrement abattus et en pièces, et que la voûte de la dicte chapelle de Saint-Simon-Stock, ornée de fleurons et aultres pièces en bosse, dorées, a esté en partie abattue ; et des dites chapelles étant entré dans les cloîtres, nous avons remarqué que le toict d'iceux a esté percé en divers endroits par des carreaux de pierre qui y ont esté jettés par la violence du feu, et que les voûtes des dits cloistres faictes de plâtre ont été entièrement ébranlées, et partie d'icelles abattues ; comme aussi avons remarqué dedans les dits cloistres que non-seulement le toict de la nef de l'église du dict couvent, couvert d'ardoise, mais encore celui du grand dortoir des religieux a esté percé en tant d'endroits et gasté à tel point qu'il pleut presque partout au dedans ; et estant entrés dans l'intérieur dudit couvent, nous avons remarqué que les vitres de sept vitraux qui sont dans le réfectoir, d'environ 4 pieds de large et 7 à 8 de hault, ont esté entièrement renversées et mises en pièces, et que dans la plupart des chambres et salles du dict couvent, les croisées ont esté enlevées de leurs places et rompues, et les portes, fenêtres et châssis fracassés et brisés ; et sortant du dit couvent, nous avons esté conduits dans quelques maisons qui en dépendent, joignantes iceluy, tant dans la rue Bouhaut que celle des Fossés, dans lesquelles maisons il nous a apparu que, non-seulement les vitres, mais encore les portes et les fenêtres ont esté enlevées et mises en éclats, et que les toicts d'icelle ont été tellement endommagées et percées par les carreaux de pierre que la véhémence du feu a jetté dessus, qu'il pleut presque partout au dedans ; de quoi et de tout ce dessus, nous, commissaire susdit, avons fait et dressé nostre présent procès-verbal, 14 décembre 1657. »

Le dommage fut estimé à 5,000 liv. Les Grands Carmes demandèrent à la ville, à titre d'indemnité, l'autorisation 1º d'établir deux petites échoppes entre les arcs boutants de leur église, et « avançant au-delà de 1 pied du côté des fossés », ce qui impliquait une profondeur totale de 5 pieds 9 pouces ; 2º du côté de la rue Bouhaut, de joindre les extrémités des arcs boutants qui avançaient de 2 pieds 8 pouces.

En 1656, les Carmes avaient déjà essayé de réaliser cette idée ; mais ils avaient été arrêtés par l'opposition des jurats et par le parlement. L'occasion était favorable pour renouveler ce projet ; il réussit en effet d'autant mieux qu'il dispensait les jurats de délier la bourse de la ville. Cette mesure avait en outre, dans cette circonstance, l'avantage de consolider des murs ébranlés, et les Carmes soutenaient encore qu'ils avaient des droits sur le terrain situé entre les arcs boutants, les armes du fondateur se trouvant plusieurs fois représentées sur ces murs extérieurs.

Les jurats firent cette concession le 3 octobre 1658 ; mais le parlement étant intervenu, les Carmes demandèrent la sanction royale, qu'ils obtinrent le 12 janvier 1660.

L'église avait, d'après d'anciens plans, deux nefs d'inégale longueur : celle du sud, de 57^m de longueur totale à l'intérieur ; celle du nord, de 55^m 50^c, terminées chacune par une abside à trois pans coupés ; la nef septentrionale bordée au nord par quatre pièces dont la suite pouvait être considérée comme formant une troisième nef. Ces chapelles bordaient immédiatement les fossés de l'Hôtel-de-Ville, et les deux pièces du centre étaient percées de portes ouvrant sur ces fossés, et mettaient ainsi l'église en communication avec le public.

Contre la face méridionale était le le cloître, entouré de galeries, et, à l'est de celui-ci, une vaste pièce, la sacristie sans doute.

Les bâtiments d'habitation étaient à l'ouest de l'église et du cloître. Le jardin, au sud du cloître et séparé de celui-ci par d'autres constructions, bordait la rue Labirat, qui ne se prolongeait pas alors au-delà de la rue des Carmes.

Le procès-verbal des dégradations survenues en 1657 a déjà appris que l'église renfermait des autels placés sous le vocable de saint Simon Stock, de saint Roch, etc.

La chapelle de saint Simon Stock renfermait les reliques de ce saint, et on devine facilement qu'elle devait être l'objet d'une dévotion particulière. Tout le monde sait que c'est à ce saint que remonte la tradition qui a donné naissance à la dévotion du scapulaire.

Il avait été enterré à la porte de l'église, selon ses volontés dernières, « voulant, lui fait dire un de ses agiographes, être sans cesse foulé aux pieds des passants, comme un pécheur public, en compensation des fautes qu'il croit avoir commises en présidant à la conduite de ses frères. »

A peine fut-il enterré, qu'une lumière éclatante, raconte le même auteur, jaillit pendant plusieurs jours au dessus de son tombeau. L'archevêque Pierre Roscidival, témoin de ce prodige, fit sortir le corps de terre trois jours après sa mort (souvenir évident de la résurrection du Christ — on sait combien des allusions de ce genre sont fréquentes dans les vies de saints —), et le fit exposer sur l'autel à la dévotion des fidèles. Une chapelle fut érigée l'année suivante sur l'emplacement de la chambre qu'il avait occupée. Ses reliques y furent transportées avec pompe, et il fut immédiatement invoqué comme saint dans toute l'étendue du diocèse, privilége qui fut confirmé en 1276 par le pape Nicolas III.

Sa réputation de sainteté lui faisait en effet attribuer de nombreux miracles, et jusqu'en 1595, on venait à Bordeaux de contrées fort éloignées du nord de la France, d'Espagne, pour invoquer sa médiation ; mais à cette époque le nombre des pèlerins diminua, des fragments de ces reliques ayant été envoyées en plusieurs endroits, et notamment à Salamanque (Espagne), à Orléans. Le pape Paul V (1605-1621) accorda une indulgence plénière pour l'église des Carmes de Bordeaux, le jour de la fête de saint Simon Stock ; et le pape Innocent IX rendit, en faveur du même couvent, deux bulles : la première, du 21 mai 1680, qui institue une confrérie ; la deuxième, du 27 du même mois, qui établit un autel privilégié dans la chapelle de ce saint.

En 1617, on ouvrit de nouveau son tombeau, pour détacher un fragment de reliques qui fut transmis au couvent des Carmélites de Paris, et les autres parties conservées à Bordeaux furent renfermées dans une châsse en bois de cyprès. Afin d'en augmenter l'éclat, on voulut l'orner de la représentation peinte du saint. Mais, dit l'auteur d'une instruction pour la confrérie du Saint-Scapulaire (1), on commit la légèreté de s'adresser à un hérétique qui s'amusa à donner à la figure du saint une expression grotesque : à l'instant la punition du ciel se fit sentir, sa main coupable se desécha. Cependant, touché de repentir et étant venu au tombeau du saint pour implorer le pardon de sa faute, il obtint sa guérison, et la peinture put être accomplie par lui. Touché alors d'une vive reconnaissance, il se convertit.

En 1663, par ordre du R. P. général Jérôme Ari, les reliques furent mises dans des reliquaires nouveaux, les restes du corps dans une châsse d'argent, ornée de pierreries et autres ouvrages de goût ; le chef, dans un beau buste d'argent ; une des mâchoires, dans une boîte d'argent. « La châsse est placée sur l'autel, dans la chapelle de notre saint, dont l'ouvrage est très-recherché et très-curieux en sculptures et diverses peintures de goût, et de très-belles dorures : tout y est précieux et les ornements merveilleusement variés et prodigués retracent, avec beaucoup de vivacité et d'agrément, aux yeux des spectateurs, des objets édifiants qui nous rappellent une partie des prodiges que saint Simon Stock a opérés durant sa vie et après sa mort. On expose le buste de saint Simon Stock à la vénération de fidèles, aux jours les plus solennels, au maître-autel de notre église ; la boîte d'argent renfermée dans un des reliquaires du maître-autel, est destinée

---

(1) Bordeaux, *Jean-Baptiste Séjourné*, 1799, in-16.

à satisfaire la piété et la confiance des malades de la ville de Bordeaux, chez qui on la porte, lorsque nous en sommes requis.

» Autrefois, cet usage était fréquent ; ces précieux reliquaires et cette magnifique chapelle sont en partie le fruit des libéralités des habitans de cette ville ; ce qui prouve quelle était alors leur vénération et leur confiance envers saint Simon Stock, leur sincère reconnaissance pour les secours spirituels et temporels qu'ils ont retiré de sa puissante protection, et leur zèle pour son culte, qui semble oublié et presque entièrement perdu de vue dans le temps où nous vivons, dans ces jours malheureux où la foi est si rare. »

La chapelle de saint Roch contenait aussi un bâton que l'on croyait avoir appartenu à ce saint, et qui était l'objet d'une vénération particulière. En 1774, l'archevêque de Bordeaux fit cesser un scandaleux abus qui s'était glissé à ce sujet. Des bouchers, tanneurs, mégissiers, prenaient ce bâton en ferme chez eux, pour se préserver du danger résultant de la mauvaise odeur de leurs marchandises. Ce marché, qui se passait le lendemain de la fête du saint, devant le procureur du roi au sénéchal, s'éleva une fois à cinquante écus. Les Carmes allaient déposer et retirer processionnellement ce reliquaire chez celui qui en était fermier (1).

Jean de Pontac, greffier ordinaire au Parlement, le même qui avait vendu aux Grands Carmes une terre, en Queyries, en 1575, et qui mourut en 1589, à l'âge de 93 ans, avait fondé une chapellenie dans l'église des Grands Carmes. Sur sa tombe, qui se trouvait dans cette église, on lisait l'inscription suivante :

XTO. SALVATORI.

SECURITATI PERPETUÆ
CLARISSIMORUM PONTACORUM
MULTIS SÆCULIS VARIIS HONORIBUS
ILLUSTRIUM, HUJUS SACELLI
TRIBUS SACRIS QUOTIDIE FACIENDIS
IN TUMULUM DOTATORUM
JOANNI PATRI PIENTISSIMO,

---

(1) Bernadau, *Annales de Bordeaux*, pag. 222. *Histoire de Bordeaux*. pag. 303.

RELIGIONIS CATHOLICÆ, APOSTOLICÆ, ROMANÆ
STUDIOSISSIMO, REGIBUS FIDELISSIMO,
PATRIÆ AMANTISSIMO, CLARO
CIVICIS PUBLICIS QUE MUNERIBUS,
CHARO PROCERIBUS, CELEBRI OPIBUS,
INSIGNI LIBERIS, NEPTE QUE COMITI
DE BUSSET, REGUM NAVARRÆ STIRPIS VIRO NUPTA
REGIS APUD SENATUM ANNIS LXVII ACTUARIÆ,
COLLEGII SECRETARIORUM REGIS ANNIS XXVIII
DECANO-CLERO, SENATU, CIVITATE TOTA,
INCREDIBILI LUCTU FUNUS COMITANTE
XVIII KAL. MAII ANNO XPI M.DLXXXIX,
ÆTATIS XCIII.
ARNALDUS, EPISCOPUS VASÆTENSIS, FILIUS, MÆSTISSIMUS. P.C.

A des époques que nous ne connaissons pas furent fondées dans l'église des Grands Carmes deux chapellainies : savoir, 1° la chapellainie de Jean Girard, fondée en même temps dans l'église des Jacobins ; 2° la chapellainie de Jean Dignac ou Ferman. (Ce même personnage Ferman ou Fernan est probablement le possesseur des celliers (*Chays*) qui ont donné leur nom à la rue du *Cahernan* ou *Cafernan*.)

Lorsque le gouvernement fit fermer les couvents, celui des Carmes contenait vingt-six religieux, dont les pensions furent fixées de 300 fr. à 1,000 fr. ; en totalité, à 16,600 fr.

En 1792, le district de Bordeaux et le directoire du département approuvèrent la mise en vente et le plan de distribution des terrains occupés par ce monastère. Un grand nombre de ventes furent en conséquence consenties ; le principal acquéreur fut le sieur Peixotto. A la fin de 1794, la rue Figuières était ouverte sur ce terrain, et le théâtre Mayeur s'élevait sur une partie de l'emplacement de l'église. Le théâtre subsiste toujours, mais transformé en habitation privée.

Bordeaux, Imprimerie de BALARAC Jeune, rue du Temple, 7.

www.ingramcontent.com/pod-product-compliance
Lightning Source LLC
Chambersburg PA
CBHW070542050426
42451CB00013B/3142